배롱나무 편지

시산맥 **시혼시조**시인선　005

시산맥 시혼시조시인선 005

초판 1쇄 인쇄 | 2022년 06월 10일
초판 1쇄 발행 | 2022년 06월 17일

지 은 이 | 권정희
펴 낸 이 | 문정영
펴 낸 곳 | 시산맥사
편집위원 | 이송희 박성현 전철희 한용국
등록번호 | 제300-2013-12호
등록일자 | 2009년 4월 15일
주　　소 | 03131 서울특별시 종로구 율곡로 6길 36,
　　　　　월드오피스텔 1102호
전　　화 | 02-764-8722, 010-8894-8722
전자우편 | poemmtss@hanmail.net
시산맥카페 | http://cafe.daum.net/poemmtss

ISBN 979-11-6243-296-9 (03810)

값 10,000원

* 이 책은 전부 또는 일부 내용을 재사용하려면 반드시 저작권자와 시산맥사의 동의를 받아야 합니다.

* 이 도서의 국립중앙도서관 출판시도서목록(CIP)은 서지정보유통지원시스템 홈페이지(http://seoji.nl.go.kr)와 국가자료공동목록시스템(http://www.nl.go.kr/kolisnet)에서 이용하실 수 있습니다.

배롱나무 편지

권정희 시집

* 저자의 의도에 따라 작품의 보조 동사와 합성 명사는 띄어쓰기가 달라질 수 있습니다.

* 본문 페이지에서 한 연이 첫 번째 행에서 시작될 때에는 〈 표기를 합니다.

* 이 시집은 교보문고와 연계하여 전자책으로도 발간되었습니다.

■ 시인의 말

하나의 길이 끝나는 곳에서
그리움이 걸어왔다.

먼 길을 돌아와
겨우 눕는 바람처럼

그날 이후,

아무 데나 버릴 수 없는
슬픔의 결기를 묵인하기로 했다.

2022년 봄
권정희

                    언제나 부재중인 꽃, 어머니
                  당신에게 이 시집을 바칩니다.

■ 차 례

1부 누린내풀꽃

연서 _ 19
누린내풀꽃 _ 20
사이 _ 21
봄길 _ 22
너를 떠나보낸 후에 _ 23
봄날은 간다 _ 24
아, 금낭화 _ 25
위양지 소묘 _ 26
지심도 동백 _ 27
소야의 사모곡 _ 28
붉은 울음 _ 29
담쟁이 _ 30
낙화 _ 31
서운암의 봄 _ 32
접촉 _ 33

2부 갈잎, 붉다

단이꽃 _ 37

갈잎, 붉다 _ 38

제비꽃 _ 39

수몰지의 여름 _ 40

파랑주의보 _ 41

일어서는 바다 _ 42

그 사내 _ 43

청암정 별곡 _ 44

산사의 노을 _ 46

매화서옥도 2 _ 47

풍장 _ 48

재개발지구 _ 49

노인과 바다 _ 50

분꽃 _ 51

낫 한 자루 달랑 들고 _ 52

간이역에서 _ 53

3부 그해, 봄

마당귀가 있는 풍경 _ 57

꽃문살로 앉은 봄 _ 58

반가사유상 _ 59

바람 사내 _ 60

소나기 _ 61

에드푸 신전에서 _ 62

에드푸 신전에서 2 _ 63

만물트럭, 그 쓸쓸함의 저편 _ 64

그리움이 걸어왔다 _ 65

목단꽃 요강 _ 66

그해, 봄 _ 67

그 집 앞 _ 68

하관 _ 69

젊은 날의 초상 _ 70

산나리 _ 71

벚나무 아래서 2 _ 72

4부 연하선경 가는 길

앗, 라일락 _ 77

눈 감아도 _ 78

그해 겨울 _ 79

연하선경˙ 가는 길 _ 80

해풍목 _ 81

예외 없는 슬픔 _ 82

부재중 _ 83

0번, 할매 버스 _ 84

코 없는 돌부처 _ 86

미르龍의 눈물 _ 87

얼레지꽃 _ 89

벌레 먹은 잎을 읽다 _ 90

꽃들은 _ 91

풍등 _ 92

소의 굴레 _ 93

■ 해설 | 정수자(시인·문학박사) _ 95

1부

누린내풀꽃

연서

누구의 마음이기에
저리 붉게 타올랐나

흥건히 익은 속을
홍등처럼 내어 걸고

보란 듯
자지러지는
배롱나무 긴 연서

누린내풀꽃

꽃다이 피고 싶어
여름에 불 댕겼다

누린내 풍기며 타는
간절한 목숨이다

한마디
불평도 없이
건너간다
한恨 세상

사이

눈 감았다 뜨는 사이
뒤돌아보는 사이

하르르
아주 잠깐
봄꽃이 지는 사이

쉰 살의 내 머리에도
꽃이 폈다, 세월꽃

거울 속에 비친 내가 참으로 낯설었다
발꿈치 치켜들고 살아온 지난날들
일순간 저며 눕히는 바람이 불어온다

이제는 쉬며 가라는 바람의 전언일까
밖에는 꽃 지는데 봄이 가고 있는데
순백의 면류관 쓰고 묵묵히 건너는 봄

봄길

환하게 번져가는 이 미소는 무얼까

떨어진 꽃만 주우며 대책 없이 나선 길

그렇게 적막하지만 않은

달 가는 길

꽃 지는 길

너를 떠나보낸 후에

슬픔이 빈틈없이 심장을 겨누어도

널 향한 불티쯤은 놓고 올 걸 그랬다

아닌 듯 겨우 돌아와 오래도록 울었다

봄은 영영 가지 않을 것 같았다

모란이 지고서야 네 얼굴이 지워졌다

사랑해 말하지 못하고 또다시 놓친 봄

봄날은 간다

나비가 갈지자로 날아가는 골목길을
무심한 눈길로 바라보는 한 사내
텁텁한 숨소리마저 입 안에 가두었다

무한정 날 수 없는 현실이 고해던가
시간을 헛디뎠던 탓내 나는 기억들이
꾹꾹이 눌러 주어도 살 속을 파고든다

제 것인 적 한번 없는 살구꽃 피는 생애
언제쯤 날갯짓하며 초록으로 발화할까
사내의 시린 시간이 느낌표로 읽히는 봄

아, 금낭화

말하지 않아도
남는 것 없는 봄날

그토록 오래 물었던 무수한 말들이
총총히 붉은 사랑을 대답처럼 매달았다

빛이 지날 때까지 두 손을 내밀었고
아무런 이유도 없이 몸을 떨어 울었다

대놓고 말하지 못하는
사랑은 아득하여라

위양지* 소묘

완재정** 협문 밖 햇살 부신 아침 깊다
물총새 날아드는 위양지 둘레에는
결삭은 침묵이 돈다, 물빛에 산빛 든다

여기가 어디인가 세상 속 다른 세계
뭇 생명들 물살 위로 지문처럼 앉았다
말없이 풀어나가는 생의 무늬 그윽하다

아무나 닿지 못한 수심이 깊었던가
한 치도 안 되는 거리, 고요도 힘에 겨워
넛살 져 갈앉는 침묵, 은유로 흔들린다

녹슨 시간을 줍는 적막의 뒤란에는
어깨 맞댄 이팝나무꽃 바글바글 부풀어서
한때의 꿈같은 환락, 펼쳐놓고 있었다

* 위양지 : 경남 밀양에 있는 위양지는 통일신라와 고려 이래로 농사를 짓기 위해 이용 되었던 풍년이 담긴 저수지.

** 완재정 : 위양지에 있는 정자.

지심도 동백

목숨이 부대낄 때면 지심도로 갈 일이다
한순간 망설임도
후회 없을 거기서
망망한 가슴을 딛고 동백처럼 필 일이다

징징대는 바람에
돌아드는 눈물의 시간
절망하고 절망하고도 자꾸만 깊어지는
불길로 솟아오르는 동백의 예서체隸書體들

이제는 놓으리라
방백처럼 되뇌는 말
파도 끝에 내밀어도 다 받아 주는 섬
동백꽃
왈칵 쏟아지는
뜨거운 이름, 지심도

소야의 사모곡

밖에는 바람 불고
눈이 펑펑 내립니다

꽃은 붉어 가는데
밤은 깊어 가는데

앞서간 발자국 따라 맘이 달려갑니다

붉고 뜨거운 것이 툭툭 져 내립니다

밀물인 듯 썰물인 듯
뒤척이던 맘이 마냥

설한에
동백처럼 진
그녀에게 갑니다

붉은 울음
— 꽃무릇

들킬까 봐
비 듣는 날
남몰래 울었나 봐

산마루 넘어오는 아득한 이름 있어

진종일
바람에 기대
붉은 울음 쏟았나 봐

귀밑까지 불 지핀 그리움의 혼불을

감고 감고 오르다 툭 터지던 그 눈물이

바람도 지우지 못한
꽃 한 송이 피웠나 봐

담쟁이

툭

후드득

빗방울들

가을을 지워간다

벽을 타고 흐르는 잎새들의 붉은 저항

마지막

불꽃이 탄다

가을이 지는 소리

낙화

활활,
봄 속에서
타오르고 싶었을 너

먼 산 아지랑이처럼
떠나가고 싶었을 너

마침내
붉게 찍히는
고요가 만 섬이다

서운암의 봄

바람 불면 소리 죽여 종소리로 울어대는
며느리 눈물꽃 같은 금낭화를 보았다
찰찰찰 터진 울음이
서운암을 덮는 봄

한 생애 붉게 터지는 무아의 저 아우성
풀었다 조였다 때때로 맥빠지는
세속의 무게들일랑 이곳에서 잊었다

지친 나를 버리고 나를 다시 세우는 일
더디게 지나가는 반야*의 풍경 속에서
그대로 나를 보기로 한다
그제야 내게도 봄

* 반야般若 : 온갖 분열과 망상 속에서 벗어나 존재의 참모습을 앎으로써 성불에 이르게 되는 마음의 작용을 이른다.

접촉

네 손이 슬며시 닿았다 떨어질 때

손가락 마디마디
번져오던 혈의 꽃

저마다
환하게 핀다

손금마다
봄이다

2부

갈잎, 붉다

단이*꽃

어디에서 왔을까 이쁘기도 하여라
물빛 산빛 푸르게 여름을 지워갈 때
살포시
내게 와 안긴
단 하나의 꽃이여

어느 향이 이토록, 어느 꽃이 이보다
향내 나는 꽃빛으로 내게 올 수 있을까
하르르
제 몸을 데워
꽃이 되어 와 줄까

우주가 열리고 닫히는 짧은 시간
모두의 꿈이고자 이 땅에 와 준 꽃
결 고운
그대 이름은
꽃이에요, 단이꽃

* 단이 : 딸아이 이름.

갈잎, 붉다

산이 우는 소리를 들어본 적 있는가

온갖 꽃들 훌훌 지고
비 뚝뚝 듣고 난 후

오지게
초록에 묻혀
꺼이꺼이 우는 소릴

가풀막 길 능선자락
귀 열고 선 나무들

아무나 들을 수 없는
굽이도는 저 울음을

잎마다
풀어 놓는다
가을이면 저리 붉게

제비꽃

산마루 넘어오는

길섶에 설핏 앉아

여기요 여기 보세요

손 흔드는 제비꽃

슬픔이 바스라지는

봄을 횡단 중이다

수몰지의 여름

은밀히 감추고 싶은 비밀이 있었던가

바닥을 알 수 없는 수면 깊이 갈앉아서
한 천년 버티고 앉은 섬이었음 했었는데
물살의 흔들림에도 죽은 듯 견디는 거
결코 쉽지 않았는지, 헛된 꿈이었는지

가뭄에 환히 보이는 내밀한 비밀 그것

파랑주의보

흰 이빨 드러낸 채 기를 쓰며 달려오는
거대한 물의 무리 파도가 솟구친다
피 끓는 물의 아우성 바다 위를 달군다

뒤틀리고 찢긴 물살 제 안에 잠긴 아픔
이제는 비우리라 어둔 막을 걷으리라
겨우내 참았던 울음 쏟아내는 저 파도

일어서는 바다

바다에 가라앉은 먹먹한 속울음을
낱낱이 캐어내어 끌고 오는 성난 파도
뜨거운 세상을 향해 부서진다, 파도가

누가 있어 이 울음을 어르고 달랠 건가
지치도록 내달려온 푸석한 물의 몸을
올올이 벼랑에 찢는 파도의 저 몸부림

비울수록 파고드는 절망의 시린 한기
온몸으로 털어내는 수평선 저 너머로
들끓는 바람의 무리 파도 깃을 세운다

그 사내

빗줄기가 창을 타고 은침처럼 내리는 밤

막걸리 한 사발에 지난 사연 삼켜가며 '목포는 항구다'를 목청껏 부르던, 무참히 녹아내리던 노을이 붉을 때면 두고 온 이름들이 키가 크게 자라는지 물기 묻은 얼굴로 말없이 돌아앉던, 고향이 목포라 했던 그 사내

부재를 더듬고 있다
마른 입술 적시며

청암정* 별곡

아침을 밀고 오는
눈발 속 깊은 고요
거북바위 청암정에
물살처럼 퍼져간다
시간의 무게를 터는
매화꽃이 시리다

세상의 모든 길이
여기에서 멈춘 걸까
몸 낮추고 들어서는
빗장 안 다른 세상
근사록**
크나큰 말씀
번득이며 닿는 기척

세파도 시류도
한때의 풍랑이다
바람 자고 눈비 그치면
앉은 자리 꽃자리

청암정
물 위의 세상
달 찬 듯이 떠 있다

* 청암정 : 기묘사화로 낙향한 충재 권벌(1478-1548)이 1526년(중종21)에 경북 봉화 닭실마을에 조성한 정자이다.

** 근사록(近思錄) : 주자학의 입문서이자 마음을 수련하는 교과서.

· 권벌은 강직함과 격조를 몸으로 보여준 충성의 사표(師表)였다. 늘 근사록을 끼고 다니며 탐독했다.

산사의 노을

이따금 생의 패가 나를 짚고 지나갈 때
바람 가득 등에 지고 산사를 걷다 보면
마음도 잎처럼 져서 나른히 흘러간다

은밀한 내력 하나쯤 놓고픈 이곳에
맹렬히 타오르는 적막을 뒤로한 채
무작정 발 묶고 서서 바라보던 저녁놀

온몸이 타들어 가도 마음만은 열고 살라는
몸 밖으로 흘러내린 농익은 말씀 하나
아득한 가슴 안에 확, 불 댕겨 주고 간다

매화서옥도* 2

높바람 된서리에
한 소식이 다녀간 후
농묵 같던 어둠이
매화꽃을 틔웠다
비켜선
묵자의 생이
그늘 아래 환하다

어디쯤 오고 있나 묵객**의 젖은 걸음
가는 귀 열어놓고 책 속에 길을 내면
저만치 놓친 길 위에 산그림자 앉는다

빈 생이 쓸려가는 무량의 세월 앞에
산 밖의 일들이 눈 속에 또 묻힌다
돌아올 푸른 한때가 맨발로 오는 오후

* 매화소옥도 : 소치 허련(1808~1898)의 인물산수도.

** 묵객 : 먹을 가지고 글씨를 쓰거나 그림을 그리는 사람.

풍장

남의 살을 먹는 것은 눈물겨운 일이다
한때는 그들 또한 검붉은 심장으로
그들의 세상 안에서 뜨겁게 살았으리

해풍에 수백 번은 더 죽었을 그들의 몸
부릅뜬 두 눈에서 슬픈 것이 어린다
그들은 세상에 풍장 된 바다의 눈물일까

맹렬히 타올랐을 생의 열긴 사라지고
바다의 기억들은 가시처럼 박혀있다
뼈까지 스며든 한기, 꽐꽐 쏟는 빈 생들

재개발지구

하나, 둘 빈 집들이 자고 나면 늡니다
지방도 변두리도 강남도 아닌 곳에
재개발 바람을 타고 집들이 헐립니다

시집와서 삼십 년을 이곳에 산 금자 네는
곧 헐릴 집이어도 서방보단 편했다며
정든 집 계단에 앉아 눈물을 떨굽니다

돈 없이 왔다가 돈 없이 가는 인생
그리움도 없이 살던 그 날이 좋았다고
울음도 넋두리도 아닌 혼잣말을 합니다

마음이 기운 쪽에 찬바람이 붑니다
지나온 삶이 자꾸 발걸음을 잡습니다
말없이 나를 건너는 노을이 지는 저녁

노인과 바다

어디에도 닿지 못한 빈 배에 홀로 앉아
슬픔의 긴 뼈대를 바다에 내어주는
노인의 텅 빈 하루가 서서히 가고 있다

터지고 갈라진 바닥난 생이어도
미끄러져 들어가는 바다 닮은 저 눈빛
노쇠한 뼈마디마다 생의 꽃이 붉었다

먼 하늘과 저 바다 그리고 그 사이에
행여나 오늘일까 그려보는 만선 깃발
지워도 통증이었다 푸수수 지는 가슴

여기까지 오는 동안 흔들렸던 시간들이
뚝뚝, 꽃물 지듯 바닥도 없이 흘러가도
화끈히 불붙는 하루, 그 날을 기다린다

분꽃

너도
꽃
꽃이었네

오색의 향기 품은

설레는
부푸는 꿈
봉긋이 틀어쥐고

달빛에
온몸을 살라
붉은 무늬 수를 놓는

낫 한 자루 달랑 들고

낫 한 자루 달랑 들고 들깨밭에 갑니다
윗부분이 거뭇거뭇 알이 제법 영글면
단단한 들깨 밑동을
쳐서 잘라 둡니다

들깨를 벨 때마다 깨알같이 쏟아지는
잘 익은 그들의 말 울림을 읽습니다
세상의 끝에서 듣는 다시없는 소리를

가을 하늘 아래 줄지어 누운 들깨들
기다림이 익는 내내 햇살 바짝 쬡니다
도리깨 춤추는 날에 주름 한껏 펴라고

간이역에서

허세도 권세도 부릴 게 더는 없는
황량한 겨울 들판에 기차가 달려간다
언 손을 마구 흔들며 숨 가쁘게 달려간다

반겨줄 사람 없는 낯익은 간이역엔
버려진 그리움만 나뒹굴고 있었다
바람에 찢겨 날리며 잉잉대고 있었다

오가는 사람마다 이름 하나씩 놓고 간다
나직하게 불러보면 꽃이 되어 피어나는
그리운 이름 두어 자 가슴 깊이 묻은 체

새 떼들 날아오른 하늘만큼 깔린 정적
그 하늘 나무 아래서 벌 받듯 지켜 섰다
시린 발 아리한 가슴에 자꾸만 쌓이는 눈

3부

그해, 봄

마당귀가 있는 풍경

마당귀에 둘러앉은
꽃들이 소란하다
자작자작 오는 비에
맘이 절로 설레는지
바람이 불지 않아도
몸을 한껏 흔든다

작약은 자락자락
수국은 스륵스륵
몸으로 풀어가는
저들만의 무한언어
좋아라
귀 세워 듣는
여름날의 무아경

꽃문살로 앉은 봄

소나무 숲길 지나 산사로 가는 길목
가쁜 숨 위로하듯 바람이 깃을 턴다
내 안의 숨어둔 어둠 흩어버릴 기세로

힘줄 선 용이 감싼 낡삭은 석등 뒤로
나한전 꽃문살이 햇살을 머금은 채
아득한 시간을 건너 화살처럼 날아든다

꽃문살, 그 홀림에 화엄의 빛이 돌고
그윽한 꽃향기가 천 년을 받쳐 섰다
춘양목 두른 화피에 펑펑 이는 봄바람

연대로 노 저으며 연잎 타는 동자승이
끝없는 눈빛 던지며 이어가는 묵언설법
천상의 빗꽃살 속에 펼쳐 드는 경이어라

모란꽃 피는 거기, 삼천대천 열린 세계
물빛으로 풀빛으로 별빛처럼 성글어서
장엄한 꽃밭 한편에 꽃으로 앉고 싶다

반가사유상

어지간한 소리들은 귀가 커서 잘 듣겠다
저 앞에 무릎 꿇고 지극히 원 세우면
두 귀를
허공에 걸고
피 닳도록 듣겠다

면벽한 자세로는 들을 수 없는 소리 있어
수천수만 귀를 열고 고심하는 저 사내
화엄꽃
곱게 피는 날
철 밖으로 나오겠다

바람 사내

사내의 손에선 늘 대숲을 돌아 나온
바람의 싸한 소리가 새어 나왔다
댓잎을 흔들어대던 깊은 울림 같은 것

손가락 마디마디 곤두선 신경들로
몸에 걸칠 쓸쓸함도 지운지 이미 오래
바람은 낡은 영혼을 오래도록 흔들었다

뜨겁게 살아내도 가난한 이름 앞에
잠 못 들던 사내는 종종 길을 잃었다
가야 할 적멸의 길은 과연 어디 있는가

한 세상이 끌려가는 간절한 시간들을
저만치 게워내고 구부러져 가는 길
바람은 사내의 가장 아픈 곳은 아닐까

소나기

툭
투둑

바람 속을
휘적휘적 오는 사내

하고픈 말 많았는지
온몸으로 울음 운다

피 울음
지나간 하늘
빈집처럼 남았다

에드푸 신전에서

태양과 모래가 빚은 거대한 석상에서

앙크*를 들고 있는 신들의 눈빛에서

맹렬히 달려 나오는 영원을 떠올렸다

수천 년을 모래 속에 숨죽인 채 묻히고도

한 번도 벽화 속을 떠나지 못했음에도

틈 없이 나를 향하여 무언설법 중이다

늘 거기 눈 뜬 슬픔 일제히 꺼지도록

영원한 생명의 세상, 빛 팽팽한 그곳으로

실핏줄 마르기 전에 뜨겁게 가자한다

* 앙크 : 부활의 열쇠

에드푸 신전에서 2

에드푸 신전에서 본 수천 년 전 얼굴들은

제각각의 표정으로 벽화 속에 남겨졌다

걸어가 올려다보면 침묵이 흘러든다

목소리를 열지 않는 미소년의 모습에서

오래전 더 오래전 으스러졌던 웃음들이

침묵이 지날 때마다 검게 흘러내렸다

산다는 것은 무엇일까 나를 긋는 질문들이

등 뒤에서 이따금씩 푸른 멍을 들였다

거기서 되도록 오래 서성이고 싶었다

만물트럭, 그 쓸쓸함의 저편

비바람 긋는 날도 눈발 치는 궂은 날도
눈에 익은 길을 따라 굽이도는 길을 따라
생필품 가득 싣고서 달려가는 저 트럭

무던히도 걸어온 길 캄캄했던 시간들을
마디마디 꺾고 바쳐 온몸으로 부딪쳐도
때 되면 달려나가는 아버지 같은 얼굴

삐비꽃 하얗게 눕는 염전을 지날 때면
끝없이 흘러가는 눈물 같은 사연들이
줄줄이 걸어 나와서 짐칸에 실려 간다

함초 캐던 할매들은 가고 여기 없어도
환하게 반겨 맞던 그 얼굴을 어이 잊나
그리움 한 아름 싣고 또다시 달리는 차

그리움이 걸어왔다

구절초 꽃 숲에서 잠시 동안 흔들렸다
하얗게 불태우는 초록이 마냥 깊어

제 살을
덮고 부풀려
손 흔들고 있었다

가진 것 다 내주고
내려놓은 자리마다

한순간 풀린 생이 남김없이 타오른다

발치에
물살로 오는
그리움이 걸렸다

목단꽃 요강

캄캄한 밤
어둠 속에서
번득이는 저 요강

마음이 비었는지 목단꽃 두른 몸이
환한 봄 꽃잎 떨구듯
훌훌 버리라 눈짓한다

빈 몸을 허락하는
미동 없는 그 품새에

마지막 순간까지
결연하게 쏟고 나면

찰나에
참방 젖어 드는
아담한 저 꽃자리

그해, 봄

높바람도 막지 못한 섣달꽃 황설리화
잎보다 꽃이 먼저 겨울 강을 건너와
살포시 수줍게 앉아 노랗게 몸을 푼다

쉽사리 놓지 못한 익어가는 생이 잠시
꽃잎 속에 환히 웃는 이름들을 풀었다
숨 고를 사이도 없이 걸어오는 그리움

그 집 앞

나도 모르는 사이 발길이 뚝 멎었다
담장 밖 붉은 능소화, 손 내밀며 반기는
지금은 떠나고 없는 그녀의 오래된 집
아직도 흐린 기억이 떠나지 않고 남아
깊이 숨 고르며 맴도는 집 앞에서
여전히 발 묶고 선 채
나는 방랑 중이다

귀에 익은 목소리 수런거리는 그곳에
길 나서던 마음이 수없이 들락인다
수국빛 바람 속에서 다시 볼 수 있을까
"나, 가고 없어도 행복하게 잘 살아"
한 평의 그늘보다 더 서늘한 그 한마디
두 귀가 핏빛 꽃물로 툭툭 지던 그 날처럼

하관

바스러지는 봄날

피울 게 없는 여자는

수시로 부침하던

그늘로 지는 생을

어둠의 땅에 묻었다

짧고도 긴, 순간

젊은 날의 초상
― 렘브란트*의 '자화상'

그림 속 그는 항상 어둠에 싸여있다
헝클어진 머리와 크게 뜬 두 눈에서
세상과 뒤엉켜 뒹군 고된 삶이 서성인다

기댈 곳 없었는지 낯빛조차 어둡다
깃털 훌훌 털어내고 일어서던 빛줄기가
쓸쓸한 기억 저편에 음지로 남아 설까

자화상 어디에도 그의 빛은 없었다
가슴에 묻힌 이름 쉼 없이 드나드는
서러운 생의 기슭에 침묵만이 흐를 뿐

내일은 더 이상 같은 내일일 순 없다 해도
어둡고 불안한 길 제 그림자만 키워내며
슬며시 빗장문 열고 세상 밖을 그리는 그

  * 렘브란트 : 네덜란드의 화가. 17세기 유럽 회화사상 최대의 화가. 외면적인 유사성 보다는 내면적인 것, 인간성의 깊이를 주로 다루었으며 종교적 소재나 자화상을 많이 그렸다.

산나리

매미 울음 귀를 씻는
산비탈 외진 길섶

칡넝쿨 비비 감은
바위를 등에 업고

달리는
바람 한 조각
잡고 도는 산나리

주홍빛 점 고깔
불 환히 댕겨 켜고

구름 가는 하늘길
마음으로 헤고 앉아

솔 내음
가만한 결에도
눈을 감는 산나리

벚나무 아래서 2

어느 생이 이렇듯
뜨거울 수 있을까

하르르 꽃 지는 길을
오래도록 걸었다

툭 치고
지나간 사랑
슬픔이 사는 동안

4부

연하선경 가는 길

앗, 라일락

휘이익, 봄을 타고 바람이 불어 설까
무심히 길을 걷다 당도한 옛집에는
가슴 저 깊이로 웃는 한 여인이 살고 있다

상처도 꽃이 되는 아득한 시간 속에
빈집의 파수꾼 되어 늙어가는 저 여인
석판에 글을 새기듯 명징하게 다가온다

지나온 시간만큼 그늘도 깊을 텐데
칠 벗겨진 양철대문 담벼락에 기대선 채
아직은 건재하다며 환하게 웃고 있다

모두가 떠난 집에 오롯이 홀로 남아
삶의 뼈대 곧추세워 일제히 발화하는
저 여인 날갯짓 소리 봄볕이 황홀하다

눈 감아도

슬픔이 어둠보다 깊어지는 불면의 밤

빛 부서
눈도 제대로
감을 수가 없었다

죽음은 두렵지 않다
눈으로 걷는 동안

칼바람에 말라가는 풀들의 울음으로
견디며 가야 하는 소소한 일상인데

날개를
잃어버렸나
눈 감아도 환한 밤

그해 겨울

대숲에서 길 잃었다
마음은 간데없고

풀리는 시간들의 잿빛 풍광 속에서
누구를 기다리듯이 종일 눈을 맞았다

날카롭게 각 세우던 죽음조차 잠이 들어
말없는 숲이 되어 은빛으로 뒤덮여도
아무런 생각도 없이 피어나고 흘러갔다

쨍쨍한 울음으로 바람이 지나가면
너무도 희고 작은 내 얼굴을 묻었다
터질 듯 젖어 내리는 내가 거기 있었다

연하선경˙ 가는 길

간간이 다가들던 풋 생각들 날로 익어
그리는 그곳으로 이울도록 건너간다
천지가
산 오는 소리
물결만이 높아 온다

비비추, 산오이풀, 모싯대, 동자꽃이
터지는 순간에도 하뭇이 몸 낮추고

산 홀로
깊어가는 길
빗질하며 타는 거기!

* 연하선경 : 지리산 8경 중의 하나. 세속산장에서 연화봉 가는 능선길.

해풍목
— 고사목

지리산 능선 아래 뿌리 깊게 우뚝 서서
저 멀리 산그리메 초록 산빛 담아 놓고
백 년을 하루와 같이 살고 있는 구상나무

버석 마른 뼈마디에 켜켜이 쌓인 세월
허공의 깊이만큼 첩첩한 그 시간을
산마루 걸어나가는 노을로 올린 그대

이제는 잎 다 지운 맨발의 나목으로
오가는 산객들의 눈 속에 살아남아
드러난 알몸 그대로 하늘길을 놓으셨네

쓸쓸히 저물어간 그대의 초록 가슴
울림으로 말씀으로 흰 꽃처럼 날아든다
바람 찬 세상을 향해 일갈하는 저 선승

예외 없는 슬픔

어쩌다 내 안에 파도를 들였을까
말없이 쏟아지는 끈적한 슬픔들이
한순간 빗금을 그으며
질문처럼 쏟아진다

때릴수록, 맞을수록
거칠게 일어나는
아무도 꺼낼 수 없는
파도와도 같은 슬픔

네 눈에 쪼그려 앉아
나는 울고 울었다

부재중

슬픔이 어디론가 흘러가고 있었다

알 수 없는 곳으로의 머나먼 여정

그것을 죽음이라고 차마 말하지 못했다

어디를 가야 그녀를 다시 볼 수 있을까

벗어놓은 옷처럼 주저앉아 울었다

자꾸만 살아서 오는 그리움이 내리는 밤

0번, 할매 버스*

허리 휜 할매들이 저마다의 생을 안고
굽이굽이 돌아가는 버스에 그득하다
바람이 불지 않아도 절로 버석거린다

그늘진 생이 그렇듯 길은 또 길을 내고
보이는 건 낮게 낮게 어디론가 흘러간다
어느 날 가슴 헤집을 시간이 떠가는 곳

놓지 못할 그 무엇이 이생에 남았던가
떼어내도 들러붙는 가난보따리 옆에 끼고
오일장 녹진한 하루 수굿이 풀며 간다

무심한 강이 흐르는 세상은 늘 낯설어
가도 가도 알길 없는 소리들만 내린다
살다가 외로워지면 어디로들 흘러가나

저녁연기 머리 풀고 올라가는 산마을
동글뱅이 할매 버스 하루 끝을 말며 간다
한 줌의 빛이 되는 길 그 환한 곳을 향해

* 0번 버스 : 0번 버스는 글자를 모르는 시골 어르신들을 위해 쉬운 0번으로 표시한 일명 동글뱅이 버스라고도 하고 할매들이 주로 이용한다고 해서 할매 버스라고도 함.

코 없는 돌부처

콧구멍이 두 개라서 숨 쉰다는 안동댁

속상한 일 생길 때면 돌부처를 찾는다

부처님 말 많은 세상 코 없이 어찌 사니껴

바위 속에 봉인된 지 천년 넘은 돌부처

아낙네 돌직구에 없는 코도 가려운지

유달리 콧구멍 없는 소˙처럼 싱긋 찡긋 웃는다

* 콧구멍 없는 소 : 소가 되더라도 콧구멍 없는 소가 되어야지 경허스님 말씀 중에.

얼레지꽃

보랏빛 여린 고깔 뒤로 말아 올린 채

마음 하나 둘 곳 없어 고개 숙인 엘레지꽃

이 봄엔
불처럼 뜨건
사랑을 해 볼 거나

미르˚龍의 눈물

햇빛도 옥천에선 살며시 비켜선다
이끼 낀 시간들이 숨죽여 엎드린 곳
쓰라린 비정한 사초 노을처럼 잠겨있다

망와에 사려 앉은 달조차도 빛 거둔 밤
빗장 걸린 문정전 뜰 지축 크게 흔들었던
윤 오월 그 여름날이 시큰하게 다가온다

절규 섞인 울음들이 흐르고 마를 동안
풀리지 않은 의문으로 뒤척이던 깊은 회한
저밀 듯 돌층계 위에 얼룩으로 나앉았다

깊이마저 잴 수 없는 역사의 한 시절이
빗장뼈에 걸려 우는 바람으로 스쳐갈 때
선인문 회화나무는 속울음 울었을까

갓밝이˝ 빛 세울 때 이슬로 간 사도세자
아비의 한이 되어 뒤주에서 나오던 날
미르의 눈물꽃 사리 천강으로 빚은 하늘

* 미르 : 용의 옛말. 임금을 칭함.

** 갓밝이 : 새벽 동이 틀 무렵의 희끄무레한 상태.

벌레 먹은 잎을 읽다

비바람 부는 날에 나무들이 몸 흔들면
떨어지지 않으려고 애쓰던 나뭇잎들
울음을 찔러 넣은 채 바닥 위로 눕는다

묵묵히 넋을 잃고 바라보는 잎 사이로
팽팽한 어둠 같은 침묵이 맴을 돈다
여리고 성한 잎들의 순서 없는 낙하행렬

바람이 지나가고 비조차 그친 후에
빈집처럼 남겨진 시리도록 맑은 하늘
그 아래 고요히 떠는 벌레 먹은 잎을 본다

남아도 그만이고 떠나도 그만인데
뜯기고 터진 몸을 얼레설레 곧추세워
햇살에 제 몸 말리며 반짝이는 저 빈생

무겁게 다가서던 시간들을 뒤로 하고
살아야지 버텨 보는 혈맥에 피가 돈다
구멍 난 잎사귀마다 얼비치는 어머니

꽃들은
― 팽목항에서 ―

하늘의 빗장 문이 뜬금없이 열리던 날
사자의 서곡만이 온 바다를 잠식했다
아득한 이승의 저편 흩어져 간 영혼들

여리고 어린 풀들이 가장 먼저 누웠다
바람에도 기댈 곳 없는 심연의 언저리서
저마다 사연을 엮어 꽃이 되어 피었다

꽃들에게 던진 것이 어디 눈물뿐이던가
차례로 채워가는 꽃들의 이름 위로
덜 익은 고운 꿈들이 부서지고 있었다

침묵을 밀어가며
울부짖는 파도야!
더 이상 부려놓을 말(言)들은 죽고 없다
그저 먼 바다만 종일
응시하고 있을 뿐

* 세월호 희생자들의 명복을 빕니다.

풍등

누가 띄운 풍등인지 알 수 없는 밤하늘에
휘이청, 휘이이청 불의 꽃이 올라간다
휘어진 세상을 돌아 어른대는 생의 횃대

털썩 주저앉아 오르고만 싶었을
간절한 소망 같은 불빛이 일렁인다
참았던 신열이 터져 달빛 길을 걷는다

오늘 누가 여기 와서 원 하나씩 띄웠을까
어둑어둑 서 있는 대답 없는 어둠이
시간의 중심을 향해 엎드리는 깊은 밤

소의 굴레

지불된 대가보다
훨씬 고된 노동의 하루

살이 튀고 뼈가 서는
삶이 주는 노동의 무게

어쩌랴
세상에 나왔으니
빚을 갚고 갈 밖에

■□ **해설**

사이에 깃드는 그리움의 문향들

정수자(시인·문학박사)

 시인은 마음을 어디에 기대고 속말을 깃들일까. 한때는 촛불이나 다락방, 앉은뱅이책상 등이 시인의 혼이 담긴 기표처럼 운위됐다. 만년필 같은 필기구와 책이 무너질 듯 쌓인 서가를 시인의 상징으로 삼기도 했다. 지금은 노트북 들고 카페에서 쓰기 노동하는 시인도 많아 서재 같은 게 희미해진 느낌이다. 메모는 물론 칼럼 정도는 휴대폰에 써서 휙 보내는 문인도 있다. 그만큼 시적 기호며 쓰기의 위상 같은 것들이 달라졌다.
 그런 판에 마당귀며 분꽃 등속을 불러내는 시인도 있다. 고샅의 사람살이를 닮은 소소한 꽃들과 깊이 마음 부비는 시편이 있다. 그렇듯 작고 나직한 존재의 섬김은 곧 시 마중처럼 가락을 입고 나온다. 우리의 정겹고 소박한 정서와 서정에 더 기울이고 들어가 보는 권정희 시인. 그는 2015년 『시와 소금』을 통해 등단했고, 이미 첫 시집 『별은 눈물로 뜬다』를 펴낸 바 있다. 두 번째 시집에서 눈에 더 들어오는 것들은 봄과 꽃의 다양한 등장과 만남의 발견이다. 봄과 꽃에 대한 사유를 각별히 벼려 왔기에 그런 감과 촉이 새로운 꽃으로 발화되는 것이겠다. 봄에 떠나보내 꽃 속에서 더 간절한 사람도 여러 편에서 그리움의 지층을 이루는 것을 볼 수 있다. 그러한 사람과 시간의 아득한 그리움들이 봄 문장의 개화 속에 새로운 문향으로 번지는 것이다.

*

  봄은 생의 청춘이기도 하다. 꽃은 그런 한때의 정수다. 그런 봄과 꽃의 사이를 부조하면 다른 시간이 포착된다. 그에 따른 감각과 사유에서 남다른 사이의 펼침이 나타난다. 시간을 잠시 끊어내 보거나 떼어내 보는 탐색으로 '사이' 안팎을 더 캐

보는 느낌이랄까. 사실 시간은 직선적 흐름으로 진행을 가시화해 드러낼 수 없는 무엇이다. 현대 물리이론에서 시간과 공간을 시공간 연속체라고 하는 단일한 양으로 통합시킨 것도 그런 까닭이라고 한다. 그럼에도 우리는 일상에서 시간이 간다고 아무렇지 않게 말해 왔다. 시계바늘의 움직임이나 휴대폰 숫자에서도 시간이란 흘러가는 것으로 지각하고 표현하게 된다.

  권정희 시인도 「사이」를 통해 그런 시간에 대한 성찰을 보여준다. 마치 시간의 경첩을 열고 닫는 것처럼 감지와 인지의 간극을 섬세하게 펼쳐내는 것이다.

    눈 감았다 뜨는 사이
    뒤돌아보는 사이

    하르르
    아주 잠깐
    봄꽃이 지는 사이

    쉰 살의 내 머리에도

꽃이 폈다, 세월꽃

거울 속에 비친 내가 참으로 낯설었다
발꿈치 치켜들고 살아온 지난날들
일순간 저며 눕히는 바람이 불어온다

이제는 쉬며 가라는 바람의 전언일까
밖에는 꽃 지는데 봄이 가고 있는데
순백의 면류관 쓰고 묵묵히 건너는 봄

—「사이」 전문

  이 작품에서 시인이 되새기는 "사이"는 생의 한 압축파일 같다. 자신이 지나온 생의 짧고도 긴 시간의 추이가 오롯이 담긴 까닭이다. "눈 감았다 뜨는 사이"란 경우에 따라 찰나일 수도 영원일 수도 있다. 그것을 "되돌아보는 사이"에 담으면 "하르르 / 아주 잠깐 / 봄꽃이 지는 사이"처럼 휙 지날 수도 있다. 그런데 아름다운 "사이"의 채집 속에 어느새 "쉰 살의 내 머리에도 / 꽃이 폈다"는 쓸쓸한 확인이 따른다. 우리가 '쉬었다'는 어감을 먼저 받는 탓인지 모르지만, 나이를 표현하는 말 중에도 "쉰"에는 기피의 느낌이 더 든다. 쉰 살을 넘어가는 화자도 "발꿈치 치켜들고 살아" 왔다고 하건만 그런 날들이 무색하게 "일순간 저며 눕히는 바람" 앞에 위기감을 느끼는 모습이다. 그 또한 "이제는 쉬며 가라는 바람의 전언"으로 새겨들으면 지천명의 자세일 테다. 하지만 "밖에는 꽃 지는데 봄이 가고 있는데"라는 탄식 어린 독백에는 아쉬움이 가득 담겨 있다. 그럼에도 자신을 다독이는 것은 "순백의 면류관 쓰고 묵묵히 건너는 봄"을 그대로 수긍하려는 마음가짐. 대신 "순백의 면류관"이라는 흰머리 은유로 "발꿈치 치켜들고 살아온" 세월을 다 담아본다. 면류관은 '고려·조선 때 임금의 정복(곤룡포)에 갖춘 예모'나 예수의 가시면류관 등이 있지만, 여기서는 나잇값이나 "세월 꽃"의 인정이자 하나의 자리매김일 듯하다. 그러고 보면, 어느 생이든 평생 걸어온 길은 다 그만한 '가시'와 '가치'를 함께 지니지 않겠는가.

*

이번 시집에는 봄이나 꽃에 대한 작품이 많은 편이다. 봄과 꽃에 대한 탐구라면, 시인의 미감과 취향이 더 투영된 결과일 법하다. 짧게 지나가는 봄, 그런 정경의 안팎이며 꽃의 이면을 그윽이 살피는 심안 같은 것도 더 담겨 있다. 거기에 자연의 완상을 넘어 우리네 사람살이를 겹쳐 읽는 곡진한 마음의 살핌은 서정적 흡인력을 지닌다. 그러한 삶의 돌봄과 살핌이 가벼운 듯 가볍지만은 않은 권정희 시조의 묘미를 마련하는 것이다.

　　말하지 않아도
　　남는 것 없는 봄날

　　그토록 오래 물었던 무수한 말들이
　　총총히 붉은 사랑을 대답처럼 매달았다

　　빛이 지날 때까지 두 손을 내밀었고
　　아무런 이유도 없이 몸을 떨어 울었다

　　대놓고 말하지 못하는

사랑은 아득하여라

―「아, 금낭화」 전문

 주변에서 종종 보는 금낭화는 꽃모양에서 따온 이름처럼 이름과 모양이 똑같다. 꽃이 금낭錦囊처럼 조롱조롱 앙증맞게 매달린 모습이며 발음도 두루 아름답다. 사랑스러운 모습에 말이 연상되는지 시인은 "말하지 않아도 / 남는 것 없는 봄날"이라며 도입을 "말"로 시작한다. 그 시행에 끌려 읽다가 그렇다면 '말하면 남는 게 있는 봄날인지' 톺아보면 딱히 그렇지도 않건만 묘하게 당기는 구절이다. 흔히 말하지 않아도 안다고 끄덕이듯, 우리도 말없이 짧게 보낸 "봄날"이 많았기에 그냥 끌리는 것일 수 있겠다. 그 다음의 "그토록 오래 물었던 무수한 말들"도 무언지 선명치는 않지만 "총총히 붉은 사랑을 대답처럼 매달았다"는 묘사에서 사랑과 관련된 물음을 떠올리게 된다. 이를 받는 "빛이 지날 때까지 두 손을 내밀었고 / 아무런 이유도 없이 몸을 떨어 울었다"는 문장은 금낭화에 무슨 빛을 새로 두르는 느낌이다. "빛이 지날 때까지 두 손을 내밀었"다니, 무슨 거룩한 빛을 받으려는 행위일까. 얼핏 스치는 것은 종교적 빛이고 그 밖의 무엇을 겹쳐볼 수 있는데, 도입과 상관을 이루는 결말의 "말"과 "사랑"을 보면 그와 관련된 빛일 수도 있겠다. "대놓고 말하지 못하는 / 사랑은 아득하여라"도 금낭화의 형상화라기엔 함의가 넓은 문장이다. 단순히 말 못하는 아니 어쩌면 "대놓고 말하지 못하는 / 사랑"의 힘 같은 것을 환기하는 까닭이다. 뭔지 명료하지 않지만 모호한 아름다움을 풍기는 「아, 금낭화」다.

 꽃을 많이 다루고 있는 시인에게는 특별한 장소가 있을 법하다. 그런 꽃들의 거처 중에서도 내면에 다소곳이 앉아있는 "마당귀"가 유독 다가든다. 역시 "꽃들이" 함께하며 그들의 풍경을 완성하기 때문일 것이다.

> 마당귀에 둘러앉은
>
> 꽃들이 소란하다
>
> 자작자작 오는 비에
>
> 맘이 절로 설레는지
>
> 바람이 불지 않아도

몸을 한껏 흔든다

작약은 자락자락

수국은 스륵스륵

몸으로 풀어가는

저들만의 무한언어

좋아라

귀 세워 듣는

여름날의 무아경

— 「마당귀가 있는 풍경」 전문

'집다운 집', 마당이 있던 그리운 집으로 이끄는 작품이다. 높이 솟은 채 밤낮없이 훤한 공동주택 이전의 나직한 '우리 집'들은 "마당귀가 있는 풍경"을 정답게 거느렸다. 작은 집들도 아담하나마 마당을 두르고 살던 시절의 정경이지만. 그런 집과 마당과 꽃이 나직이 속삭이는 모습은 이제 귀한 추억의 사진첩이 됐다. 그럼에도 시인은 "마당귀에 둘러앉은 / 꽃들이 소란하다"고 기울일 곳이 있었나 보다. 또 다른 귀를 여는 날이면 "자락자락"으로 "작약"의 말을 받아 적고 "수국"의 말은 "스륵스륵"으로 옮기니 말이다. 꽃 이름의 비슷한 어감에서 따온 듯한 시인의 소리말 / 모양말(흉내말)은 음상(音像)에 따른 꽃짓과 말맛을 더 "좋아라" 돋운다. "몸으로 풀어가는 / 저들만의 무한 언어"를 "귀 세워 듣는 / 여름날의 무아경"은 당연히 "마당귀"를 사랑해 마지않는 즐거운 도청이자 오롯한 도취다. "마당귀"란 마당에도 귀[耳]가 있다는 뜻이 아니라 귀퉁이(구석)를 붙여 지은 이름이련만, 여기서는 마당도 귀를 열어 같이 듣는 느낌을 깨워낸다. "자작자작 오는 비에" 덩달아 설렐 줄 아는 "마당귀"가 자연과 하나 되는 고요한 합창의 채록이다. 흙과 가까워야 귀담고 펼칠 수 있는 자연의 나직하고 다감한 몸말들에 그윽이 젖어들게 한다.

이렇듯 권정희 시인이 기울여 듣고 보는 꽃에서는 속말과 몸짓이 다양하게 풍겨 나온다. 「누린내 풀꽃」에서는 "누린내 풍기며 타는" 길의 "한恨 세상"을 그리고, 「지심도 동백」에서는 "불길로 솟아오르는 동백의 예서체隸書體들"을 읽어내는가 하면,

「낙화」에서는 "마침내 / 붉게 찍히는 / 고요가 만 섬"이라는 놀라운 독파를 보여주기도 한다. 이 밖에도 「붉은 울음-꽃무릇」, 「단이꽃」, 「제비꽃」, 「매화서옥도」, 「분꽃」, 「산나리」 등 주변에서 만나는 다양한 꽃을 남다른 감각과 시각으로 그려낸다. 꽃의 생태나 아름다움의 묘사에서 한층 나아가 삶의 여러 이면이나 사람살이 안팎을 곡진하게 담아내는 것이다.

*

꽃은 오랫동안 사물의 정수로 추앙 받아왔다. 시에서도 고전부터 현대에 이르기까지 가장 많이 불려나온 대상일 것이다. 그런 만큼 꽃에서 새로운 발견과 발화를 펼쳐 보이려면 남다른 고충을 넘어서야 한다. 특히 정형시라는 익숙한 형식을 택한 입장에서는 낯익음 속의 낯섦을 채굴하기 위한 더 치밀한 탐구가 필요하다. 권정희 시인이 보여주는 꽃의 탐색도 기존의 인식이나 표현을 넘어서 색다른 새로움을 피워내야 돋보일 작업이다. 그런 꽃 이야기 중에도 사람이 깊이 담긴 시편은 은근한 그리움의 감응을 전한다.

　　　나도 모르는 사이 발길이 뚝 멎었다
　　　담장 밖 붉은 능소화, 손 내밀며 반기는
　　　지금은 떠나고 없는 그녀의 오래된 집
　　　아직도 흐린 기억이 떠나지 않고 남아
　　　깊이 숨 고르며 맴도는 집 앞에서
　　　여전히 발 묶고 선 채
　　　나는 방랑 중이다

　　　귀에 익은 목소리 수런거리는 그곳에
　　　길 나서던 마음이 수없이 들락인다
　　　수국빛 바람 속에서 다시 볼 수 있을까
　　　"나, 가고 없어도 행복하게 잘 살아"
　　　한 평의 그늘보다 더 서늘한 그 한마디
　　　두 귀가 핏빛 꽃물로 툭툭 지던 그 날처럼

　　　　　　　　　　　　―「그 집 앞」 전문

"그 집 앞"은 현제명의 같은 제목 노래가 있어

친숙한 느낌이다. 그리고 누구나 그런 어느 집 앞의 사연쯤은 갖고 있을 테니, 자신만의 "그 집 앞"을 투영하면서 더 풍부하게 읽을 여지가 있다. 이 작품에서 보는 집은 "지금은 떠나고 없는 그녀의 오래된 집"인데 "능소화"가 피는 집이다. 여름이면 태양이라도 베어 물 듯 농염하게 피는 능소화는 무엇인가를 타고 오르는 습성의 식물이다. 그녀는 그런 편이지 모르지만 현재 없고, 화자는 "깊이 숨고르며 맴도는 집 앞에서 / 여전히 발 묶인 채 방랑 중"인 부재의 주인공 집 앞을 서성인다. 언젠가 남기고 간 말 "나, 가고 없어도 행복하게 잘 살아"에 마음이 묶인 것이다. 세월이 지나도 안 잊히는 "서늘한 그 한마디"를 듣는 "그 집 앞"의 꽃은 해마다 붉은 비명만 같다. "두 귀가 핏빛 꽃물로 툭툭 지던 그 날"의 기억을 꽃도 진하게 담아내니 꽃빛이 더 선명하게 닿는 게다.

이 작품과 연결되는 아픔의 연쇄로 닿는 작품이 있다. 누군가 보내고 난 뒤의 "부재"에 따른 아픔의 형상화라 어쩌면 같은 이별의 대상일 듯도 하다. 구체적인 정보를 담고 있지는 않지만 "죽음"이 나오는 시편은 비슷한 기억의 소환으로 보이는 것이다.

> 슬픔이 어디론가 흘러가고 있었다
>
> 알 수 없는 곳으로의 머나먼 여정
>
> 그것을 죽음이라고 차마 말하지 못했다
>
> 어디를 가야 그녀를 다시 볼 수 있을까
>
> 벗어놓은 옷처럼 주저앉아 울었다
>
> 자꾸만 살아서 오는 그리움이 내리는 밤
>
> ―「부재중」 전문

 "죽음"이라는 단어에서 짚이는 작별은 이 / 저승의 경계를 넘어간 이별이다. "슬픔이 어디론가 흘러가고 있었다"는 감각은 그것을 인정하고 싶지 않은 마음으로 이어진다. "그것을 죽음이라고 차마 말하지 못했다"는 것, 그것은 발설할 수 없었다는 말같이 들린다. 아니 입 밖에 내어 말하기 싫었다는 마음일 수도 있겠다. 하지만 "그녀"는 분명히 떠난 사람. "어디를 가야 그녀를 다시 볼 수 있을까"라는 애틋한 그리움에서 삐져나온 슬픔은 결국 울음으로 길게 이어진다. "벗어놓은 옷처럼 주저앉아 울었다"니, 서 있을 힘도 없이 온몸으로 우는 슬픔의 배웅이 전해진다. 그렇게 아프게 헤어진 사람이면 마음에서는 죽은 자가 아닐 터, "자꾸만 살아서 오는 그리움"으로 호명되는 까닭이다. 실재 세계에는 존재하지 않는 사람도 만나게 되는 마음의 영상은 부재의 존재를 오히려 또렷이 그리게 한다. 그런 그리움이 있어 시가 여전히 사람들 속에서 살아가는 것일지도.

  돌아보면 어느 삶이나 대부분 우여곡절의 연속이다. 예기치 않은 일이 다반사로 생기는 것이다. 가능하면 피하고 싶던 "생의 패" 역시 언제든지 닥칠 수 있는 불상사를 환기한다. 지축이 흔들릴 정도의 큰일만 안 겪어도 일생이 평탄하다고 여길 수 있다. 그런 사이사이 느닷없이 들이닥치는 생의 패는 어디서 비롯되는 것인지, 시인도 그에 대한 생각을 간간이 내어 뵌다.

이따금 생의 패가 나를 짚고 지나갈 때

바람 가득 등에 지고 산사를 걷다 보면

마음도 잎처럼 져서 나른히 흘러간다

은밀한 내력 하나쯤 놓고픈 이곳에

맹렬히 타오르는 적막을 뒤로한 채

무작정 발 묶고 서서 바라보던 저녁놀

온몸이 타들어 가도 마음만은 열고 살라는

몸 밖으로 흘러내린 농익은 말씀 하나

아득한 가슴 안에 확, 불 댕겨 주고 간다

—「산사의 노을」 전문

  저녁 산사는 더 깊은 적막에 에워싸여 성찰을 부르는 곳이다. 시인이 "은밀한 내력 하나쯤 놓고픈 이곳"이라고 문득 뇌어보듯, 그런 산사에 노을이 지면 스러지는 것에 대한 생각도 우묵해질 것이다. 그럼에도 마음의 처소 같은 데서 "무작정 발 묶고 서서 바라보던 저녁놀" 모습은 아름다움과 그리움을 동시에 불러일으킨다. 어떤 "말씀"도 깨끗이 들여 놓을 수 있는 무념무상의 자세처럼 정화의 시간을 당겨준다. 힘든 상황일 수도 있지만, 그 순간만큼은 "아득한 가슴 안에 확, 불 댕겨 주고" 가는 "말씀"으로 자신을 추스를 것이다. 세간에서 지친 시간을 그렇게 내려놓다 보면 뭉친 마음도 새로이 씻겨서 버리고 싶던 일상을 다시 챙길 수 있게 된다.

현실 속의 집이든 산 속의 절이든 주어진 삶을 살고 완성해가는 데 중요한 공간이다. 한 존재의 일생을 담아온 집이 타의에 따라 "재개발지구"에 들어가면 삶이 뿌리째 흔들릴 것은 당연하다. 그런 위기에 봉착한 집의 모습을 통해 시인은 우리네 현대인의 불안한 정주定住를 다시 짚어본다. 특히 수도권에서는 저마다 일생을 걸듯 몰입해야 가능한 인륜지대사가 내 집 마련이거니, 재개발 같은 것이 사회적 파장을 크게 일으킬 수밖에 없다. 게다가 시인이 바라보는 재개발지구는 초고층 운운하는 고수익지역과는 거리가 먼 변방 민초들의 터전으로 보이니 말이다. 그런 아픔을 통해 돌아보는 외곽의 사람살이는 세상의 그늘 쪽에서 밟히는 꽃들의 안타까움을 환기한다.

*

 살면서 얻는 것은 얼마며 잃는 것은 또 얼마일까. 인생은 본래 생로병사生老病死 여정이라지만 요즘은 로老와 병病의 시간만 늘어난 듯싶다. 세계적으로도 젊은 노인이 넘치는 판이라 '로·병·사'와의 긴 대결 속에서 건강한 사회생활을 유지해야 사는 것처럼 살아간다. 그럼에도 사람을 잃는 상실을 겪지 않고 갈 수는 없다. 많은 상실 중에도 가장 큰 슬픔이라는 배우자 상실 또한 누구나 겪으며 사니 죽음과 공존하는 게 삶이다. 아끼는 사람이든 귀애하는 반려든, 사랑하는 존재를 먼저 보내는 일은 언제 닥칠지 모르는 지상의 일이다.

    슬픔이 빈틈없이 심장을 겨누어도

    널 향한 불티쯤은 놓고 올 걸 그랬다

    아닌 듯 겨우 돌아와 오래도록 울었다

〈

봄은 영영 가지 않을 것 같았다

모란이 지고서야 네 얼굴이 지워졌다

사랑해 말하지 못하고 또다시 놓친 봄

—「너를 떠나보낸 후에」 전문

 누군가를 보낸 아픔이 시행 밖으로 번지며 마음을 파고드는 시편이다. 누구를 떠나보냈기에 "널 향한 불티쯤은 놓고 올 걸 그랬다"고 안타까이 뇌는 것인가. "아닌 듯 겨우 돌아와"서도 왜 또 "오래도록 울었다"는 것인가. 그런 가운데도 "영영 가지 않을 것 같았"던 봄날은 가서 "모란이 지고서야 네 얼굴이 지워졌다"는 문장은 놓을 데 없는 마음을 오래 붙잡는다. 유독 힘겨웠던 봄은 많은 이들의 공동체적 애도를 품었던 그해 봄일까. 그냥 개인적인 상실일 수도 있지만, "사랑해 말하지 못하고 또다시 놓친 봄"이라는 종장은 반복되는 봄의 아픔을 환기한다. 사랑한다고, 입 밖에 내어 말하지 못하고 보낸 사람(존재)이 한둘일까만, 각별히 힘든 봄은 "또다시 놓친 봄"으로 닥치게 마련이다. 그렇듯 상실의 회한이 먹물처럼 번지는 행간에서 새삼스럽게 다 말하지 않고 담아두는 정제의 격조가 그윽하다.

「그리움이 걸어왔다」도 시인의 특장이 잘 드러나는 작품이다. "꽃"과 "그리움"으로 압축되는 세계의 묘사인 데다 간명한 언술이 도드라지는 것이다.

> 구절초 꽃 숲에서 잠시 동안 흔들렸다
> 하얗게 불태우는 초록이 마냥 깊어
>
> 제 살을
> 덮고 부풀려
> 손 흔들고 있었다
>
> 가진 것 다 내주고
> 내려놓은 자리마다
>
> 한순간 풀린 생이 남김없이 타오른다

발치에

물살로 오는

그리움이 걸렸다

— 「그리움이 걸어왔다」 전문

  이 작품에서는 시인이 가을꽃을 다루지만 조락의 느낌은 크게 닿지 않는다. "구절초 꽃 숲에서 잠시 동안 흔들렸다"는 대목에서 꽃을 바라보는 마음의 무늬가 느껴진다. "하얗게 불태우는 초록이 마냥 깊어"라고 한 것은 구절초의 흰 꽃빛과 잎의 초록을 대비시킨 묘사일 텐데 수채화처럼 산뜻하게 닿는다. "발치에 / 물살로 오는 / 그리움이 걸렸다"는 대목은 흰 꽃잎들이 이루는 물결도 잔잔해서 격렬한 일렁임과는 다른 느낌이다. 그것은 "동백꽃 / 왈칵 쏟아지는 / 뜨거운 이름, 지심도"(「지심도 동백」)라고 읽었던 동백꽃과는 다른 구절초 꽃의 모습에 기인할 것이다. 그런데 "그리움이 걸어왔다"니 소소한 일상 같은 꽃 속에서 찾는 그리움이 호젓이 다가오는 듯하다.

  권정희 시인은 이번 시집에서 봄과 꽃의 속을 탐

색하는 마음의 깊이를 보여준다. 제비꽃을 보고도 "슬픔이 바스라지는 / 봄을 횡단 중"(「제비꽃」)이라고 읽어내는 것이다. 그 자신도 제비꽃처럼 새로 피는 꽃과 잎과 나비를 통해 내면의 봄을 횡단하는 중이기 때문일까. 그런 어느 늦은 봄날, 시집 속을 함께 거니는 걸음걸음이 피워내는 꽃소식이 풍성하게 들리길 기대한다. 그가 "그리움이 걸어왔다"고 적었듯, 깊은 그리움들이 시집 앞으로 걸어오는 소리를 기다려본다.